나무에게 보내는 분홍편지

나무에게 보내는 분홍편지

초판인쇄 | 2023년 7월 12일
지은이 | 김철, **펴낸이** | 김영태, **펴낸곳** | 도서출판 한비CO
출판등록 | 2006년 1월 4일 제25100-2006-1호
주소 | 41967 대구 중구 남산2동 938-8번지 미래빌딩 3층 301호
전화 | 053)252-0155, **팩스** | 053)252-0156
홈페이지 | http://hanbimh.co.kr **이메일** | kyt4038@hanmail.net

ISBN 9791164871384
　　　9788993214147(세트)
값　10,000원

*잘못된 책은 교환해 드립니다.
*저자와의 협의로 인지는 생략합니다.

나무에게 보내는 분홍편지

김철

저/자/의/ 말

책을 펴내면서

첫 시집 <잃어버린 화살을 찾아서>를 우왕좌왕 쫓기듯 마무리해서 떨리는 마음으로 발표한 일이 어제 같은데 벌써 7년이란 많은 세월이 흘러 버렸습니다. 책 한 권 겨우 만들어 놓고 할 일 다 해버린 듯 뒤돌아보지 않았고, 때맞춰 직장도 타지로 옮기는 관계로 지역 문인들과의 교류도 끊기면서 펜을 놓고 살았습니다. 그러다 펜이 근질근질한 작년 어느 날 문득 깨달았습니다. 시를 쓰지 않는 것보다는 못난 시이지만 열심히 쓰고, 발표하고, 욕먹고 부끄러워하면서 조금씩 발전해 나가는 것이야말로 시를 탐구하는 진정한 초보 시인의 참된 자세라는 것을, 늦은 나이에 시작한 자아를 실현하는 이 과정이 느리고 지난해도 이겨내고 앞으로 나아가야 한다는 것을, 이 시집을 만드는 데 많은 도움을 준 근내리 산책길의 소나무, 은행나무, 벚나무 모두에게 사랑을 보냅니다, 저에게 시를 가르쳐주신 선생님 한 분의 말씀 중에 시장 한복판에서 발가벗고 서 있을 각오로 시를 쓰라고 하신 말씀 아직도 가슴에 새기고 있습니다. 그리고 1집부터 도움을 주신 한비문학 김영태 선생님께 감사드립니다.

목/차

제1부

봄

사랑이 피어난다
표현할 수 없는 감정
공감 안 되어지는 느낌
詩로써 붙들어본다

편지_12 봄_13 봄 걸음_14 동사_15 동창리게이트 앞 벚꽃잔치_16 나무를 사랑하는 몇 가지 이유_17 손님_18 복숭아나무_19 봄날의 환희_20 주유소 앞길 행진곡_21 목련_22 오월의 만남_23

제2부

여름

꽃잎 송이송이
누구의 안타까운 그리움일까요.
꽃잎 한잎 두잎
누구의 마르지 않는 눈물일까요.

묵언수행_26 장미_27 가시나무_28 낙화_29 이별_30 여름_31 성미_32 논둑길에서_33 대추나무_34 노랫소리_36 포로_37 전나무_38 비밀 장소_40 물푸레나무_41 아이비_42 나비효과_43 탈출_44

제3부

가을

바스락바스락 소리를 내지르며
바람결 따라 구석으로 한데로 내몰리는
여름날의 찬란했던 영광의 순간들

체크무늬 셔츠_46 각인_47 나는 안녕, 나무는 GOOD-BYE_48 아픈 날_49 가을_50 빈터_51 낙엽_52 단풍_53 나무십자가_54 소나무와 바다와 백사장 그리고 경포대 해수욕장_55 베네치아에서_57 리기다소나무_58 종장_59 가을 편지_60 옥수수는 이사 중_62 봄과 가을_64 묘지 앞 은행나무_65 가을 영토_66

제4부

겨울

소망을 가지고
믿음을 가지고
사랑을 가지고

겨울_68 고드름_70 역 앞 메타세콰이어_72 장독간_73 퇴근_74 마트가 문을 열 때_75 마트가 문을 닫을 때_76 첫 단추_77 빨래방에서_78 중고차_79 휴게소_80 코로나19_82 혼백魂帛_83 회색커튼_85 안녕_86 최고의 날_88 격려_89 詩人_90

제1부

봄

사랑이 피어난다
표현할 수 없는 감정
공감 안 되어지는 느낌
詩로써 붙들어본다

편지

우편함에 들어있는
나뭇잎 편지
펼쳐보니
그리움이 흠뻑
묻어왔다.

나는 항상
나무에 대한
호기심으로
가득하다.

너는 이름이 뭐니?
이 나무 앞에만 서면
가슴이 뛰어
심장이 튀쳐나올 것 같아서
두려워.

봄

정거장에 서서
봄을 기다린다
노란색 옷을 입은
가족들이 먼저 도착한다
세력이 무척 강하다
성질도 부릴 것 같다.

검은 옷 여인과 함께 빨간 마차를 타고
분홍 꽃나무를 찾아 나선다
꽃샘바람이 심하게 불어
창문이 안 닫힌다

황사 바람도 강하게 분다
뒤늦게 진눈깨비도 내린다

고통 없이 봄이 오지는 않는다
고통 없이 대가는 없다

봄 걸음

그제는 한 걸음 다가오며
까치발
어제는 두 걸음 물러가며
오리발
오늘은 팔자걸음 실룩거리며
가랑비
내일은 깽깽이걸음 앙감질하며
꽃샘바람
모레는 개나리꽃이 피겠습니다
아장아장
글피는 진달래꽃도 한창일 겁니다
저벅저벅

동사

꽃봉오리들이 움튼다
새 생명의 신비로움
사진 속에 남겨본다

사랑이 피어난다
표현할 수 없는 감정
공감 안 되어지는 느낌
詩로써 붙들어본다

가슴속에 품고 사는
모진 그리움이여
마음속에 묻고 사는
못난 외로움이여

눈길을 돌린다
눈물을 감춘다
눈을 감는다

동창리 게이트 앞 꽃잔치

4월이 왔네

분홍편지가 도착했네

꽃길이 열렸네

잔치가 한창이네

미칠 것 같네

노래하고 춤추고 싶네

출근길에 차에서 내렸네

걷고 또 걸었네

비가 내려오네

꽃비가 쏟아지네

사랑이 떠나가네

나무를 사랑하는 몇 가지 이유

1 말없이 서서 나만을 기다린다.
2 내가 찾아가야만 한다.
3 플라토닉 사랑만으로도 행복하다.
4 서로에게 상처 주기 게임 따윈 하지 않는다.
5 바람이 불어올 때만 춤을 춘다.
7 날씨 때문에 실수를 하곤 한다.
8 노래하는 새는 절대로 나무를 떠나지 못한다.
9 바람결에 손이 흔들려 오해를 받곤 한다.
(삶에는 시로써만 말할 수 있는 것이 있다._류시화)

손님

봄비 내려와서
벚꽃 흩어지니
배꽃 피어나고
목련 큰 눈물 떨구니
철쭉 핏빛으로 돌아오네

겨울눈꽃 떠나간 자리에
봄꽃손님 연이어 찾아오고

봄꽃손님 떠나갈 빈자리에
오매불망 님 소식 들려올까.

복숭아나무
(빈센트 반 고흐의)

울타리 안에
푸른 하늘 아래

분홍색 꽃 피어난
슬픈 나무가 있어
눈길을 멈춘다

귀를 자른 고통의
진한 핏물이 배어 나온
자화상 같아서
눈물이 솟구쳐
나올 것 같아서

상처 가득한 가슴
아픈 마음 달랠 길 없어

눈길을 돌린다

봄날의 환희

가지들은
혹한의 추위 속에서
개화의 꿈을 꾸고

씨앗들은
명상과 사색으로
어둠을 견디어냅니다.

겨울을 이겨낸 침묵의 날들이
꽃의 날들을 지상으로 불러냅니다.

나무들의 노력으로 세상이 온통
환하게 밝아지고 아름답게 꾸며집니다.

고생했다고
수고했다고

활짝 핀 꽃나무를 힘껏 안아줍니다.
나무껍질에서 튀어나오는 기쁨의 방언에
우리는 부둥켜안은 채
한껏 행복해집니다.

주유소 앞길 행진곡

봄꽃들이 가로등 조명에
환하게 만발한 밤
거리 곳곳에서 음악 소리
시나브로 들려오더니
마침내 주유소 앞 밝은 조명 아래에서
팡파레가 울려 퍼진다.

목련은 큰북
벚꽃은 트럼펫
개나리는 작은북

너희들 모두
기다리고 준비하고
움트고 꽃피우고
수고하고 고생했으니

이 밤이 다 가도록
모두들 힘차게
앞 으 로 앞 으 로
행 진 하 거 라.

목련

봄이 가네
사랑도 함께 가네

그리워질 거라
혼잣말을 해볼까
입가에 맴도는
정든 이름

보고 싶을 거라
가만히 생각하면
귓가에 들리는
아스라한 목소리

눈가에 스치는
하이얀 얼굴

그녀를 닮은 흰 목련 꽃잎이
넓고 부드러워 글씨를 쓸 수 있다

사랑해 라고 쓴다.

오월의 만남

만일에 이 몸이
백조의 가슴에서
떨어져 나온
세상에서 가장 가벼운
작은 깃털이라면
흐르는 바람결에 세상을
천천히 떠돌다가
호숫가 키 큰 나뭇가지에
잠시 머물다가
화창하게 꽃핀
오월의 해맑은 일요일
물놀이 꽃구경 나오신
당신의 머릿결에
바람을 핑계 삼아 빼꼼히
머물겠어요
바람결에 작은 인연 하나가
당신을 찾아간다면
백조가
호수가
바람이 도와준
사랑이랍니다

고니 고니 고니
고마운 임
고니 고니 고니
고마운 내님

제2부

여름

꽃잎 송이송이
누구의 안타까운 그리움일까요.
꽃잎 한잎 두잎
누구의 마르지 않는 눈물일까요.

묵언수행

호기심 어린 눈빛
수수께끼 몸짓

나무와 나에게는
말 따위는 필요 없어

온순한 오월 바람결에
잎사귀 위에 다정하게
흔들리던 눈빛

유월 햇살 아래 반짝이던
꽃잎 치아의 환한 웃음

장맛비에 젖어도 청초하게
빛나던 푸른 잎 머리카락

우린 말 따위는 필요치 않아
우린 생각 따위는 필요치 않아

장미

내리쬐는 6월의 뜨거운 햇살
타오르는 땅 위의 열기
견디기 힘들어

이제 그만
영광과 환희의 짧은 날들
뒤로 하고
낙하하여 밟히고 부스러진다

벤치 아래 무심한 발길들
야속하고
너무하다

가시나무

나무야
걸어가는 나무야
뛰어가는 나무야
춤을 추는 나무야

바람 불면 부는 대로
비가 오면 오는 대로
흔들리고 맞아주고

오랜 고독은 단단하고
뾰족한 가시로 솟아올랐고
끝없는 그리움은 푸르른
잎사귀로 남아 있건만

짧은 사랑은 붉은 꽃잎으로 피어올라
한순간에 사라져 버렸다.

낙화

벚꽃이 떨어집니다.
하늘에서 꽃비가 내려옵니다.
연분홍 꽃잎은 내님의 고운 손톱입니다.

꽃잎 송이송이
누구의 안타까운 그리움일까요.
꽃잎 한잎 두잎
누구의 마르지 않는 눈물일까요.

소리 없이 사랑의 추억이 쏟아집니다.
바람결에 이리저리 밀려다닙니다.
가버린 사랑의 悲哀비애 일까요.
흘러가 버린 사랑의 殘在잔재 일까요.

이별

가시네 가시네
내님 꽃 떠나가신다네
연분홍 예쁜 꽃 떨어지면
우리 님도 떠나가야만 한다네

내님 꽃 떠나간 자리에
푸릇푸릇 새싹이 피어납니다
임 떠나서 상처 난 가슴에
새살이 조금씩 돋아납니다

우리 님 꽃 지고 나서
라일락꽃 피어납니다
짙은 향기로 슬픈 영혼을
위로해 주고 달래줍니다

여름

기다란 성벽 위에 누워있다
나무그림자가 얼굴을 간질인다
여행객들이 다가와
재잘거리며 지나간다

검은 옷의 여인과 함께 성안을 방문한다
어둡고 으슥한 방에서
더위가 우리를 시험한다
어둠 속에 앉아 있던 요정들
조용히 일어나 자리를 비켜준다

이제 그만 어색하고 낯설고
끈적끈적한 여름밤의 어둠의 성에서
나가려고 노력한다

미로에서 길을 찾지 못해 힘들다
고통 없이 시험은 지나가지 않는다

성미

때 이른
더위가
성마르게 달려와서
거리를 휘감아

지친 마음에
창문을 열면
성가시게
미세먼지는 날아들고

5월의
아카시아는
성급하게
꿈틀거린다.

논둑길에서

청 초록 깊숙한 논에서
까투리 뛰어나올 듯
장끼 놀라 날아오를 듯

한 해의 절정
한 아름 무더운 여름날
푸른 논 깊고 은밀한 곳에서
생명의 벼 나무가 자라오른다

무더운 날에도
식탁 위의 따스한 밥
한 공기
한껏
찰지게 영근다.

대추나무

사당골 오르는 길목
낡은 집 들창 가에
세상일이 마뜩잖아

온종일 뒤돌아
서있는 커다랗고
푸르른 밤 두꺼비

밤이면 엉금엉금 굴속에 들어가
낡은 벽을 허물고 새집을 짓는다

하루 종일 들려오는 주변의 망치 소리
계절이 바뀌면 변하는 거리의 얼굴
역 주위엔 빌라
사거리엔 커피숍
동네마다 아파트

예부터 샘 많은 두꺼비
밤마다 숨어서 새집 짓는다

두껍아 두껍아
헌 집 줄게 새집 다오

두껍아 두껍아
모두에게 새집 주렴

노랫소리

새벽녘 어두운 하늘에
드문드문 별들이 떠가고

잠든 나무 위로 바라본
어둠이 벗겨지는 동녘 하늘은
신비스럽기만 하다

어둠 속 으슥한 나무 밑동
풀 속에서 벌레 소리가
아침 공기를 진동하는데

사랑을 부르는 날갯짓 소리는
너무 신기하고 오묘해서
정말 듣기 좋구나

포로

크고 푸른 나뭇잎 속에
덩굴로 만든 튼튼한
그물 속에 갇혀있었어

꼼짝달싹을 할 수가 없었어
완벽한 포로야
너는 사납게 화살을 쏘아서
내 가슴을 맞히려고 하고 있었어

긴 칼이 있는데
꺼낼 수가 없었어
찌를 수가 없었어

첫사랑 짝사랑
잊었다고 생각했는데
끝났다고 잊었었는데
끝난 게 아니네
잊은 게 아니네

더 보고 싶고

더 그리워 진 다 네

전나무

상상 속의 혼자 놀이
경사진 시소 위에서
하늘까지 높이 뛰어 공중제비 돌기

하얀 구름 위에서 물구나무서기
북극성 위에서 외발서기
은하수 한쪽 벽에 비스듬히 기대어 서기
오작교 다리 위에서 번지점프 하기

내려오는 길에 방향을 잃어버렸어
키 큰 전나무 위에 내려앉았어
한참을 우두커니 앉아 있었어

이제 그만 내려가자
하나 둘 셋
박자를 맞추어서
우노 도스 드레스
편안한 마음으로
원 투 쓰리

약하고 뾰족한 전나무 잎사귀
내 몸무게에 겨워

무너져 내린다

뛰어내리기도 전에
하염없이…
바보같이…
키가 큰 전나무만 다쳤어
나 때문에
요즘은 진정한 나무의사가 없는데…

고독을 끝없이 느끼는 것은
영혼의 병
외로움을 심하게 타는 것은
마음의 병

기나긴 홀로의 세월
간직한 나무 앞에서

간호복의 여인이 웃고 있었어
천사 같은 그녀가 웃고 있었어
큰소리로 하하하하 웃고 있었어.

비밀 장소

은하수 지나 북두칠성 쪽
조금 지나가다가
삼거리에서 우회전
자그마한 숲속 오솔길
사랑가득 시골 외딴길
모닥불 향기 피어나는 커피숍 가는 길

잣나무 숲 앞쪽
조그만 공터
아내와 나만의
은밀한 밀애의 장소
우리만 익숙한 장소

그곳에만 가면
원시의 사내가 되어버린다
그곳만 생각하면
갓난아기가 되어버린다

물푸레나무

네 옆에 서면
가슴 속에
푸른빛이 솟아

너의 품속에서
나는 푸르러지고파

물푸레 물푸레나무야

비가 내리면 그리움에 젖어
하염없이 푸르러지고
술에 취하면 괴로움에 젖어
가슴 속이 새파랗게 멍이 든다네

너를 생각하면
눈물이 흘러내려
푸른 눈물이 넘쳐흘러

물푸레 물푸레나무야

아이비

단정하고 기품 있고
아담하고 활달한
담쟁이녀의 은밀한 밤 외출

끈적거리고 반짝이는
검은 어둠 속의
아찔한 유혹 속으로 그녀는
조심스레 문을 나선다.

아무도 모르게
덩굴손으로
고양이 발걸음으로
살금살금
잠든 이웃들 깨어나지 않게
조심조심

저만치서
환한 얼굴로
미스터 문(MOON)이
웃으며 반겨준다.

나비효과

얼굴이 없습니다.
입도 없습니다.

말없이 서로를 느낍니다.
느낌으로 사랑을 나눕니다.
인식認識으로 하나가 됩니다.

바람결의
무의식적인 작은 동작 하나가
나뭇잎에 큰 파장을 일으킵니다.

바람 속의
무의미한 작은 움직임이
숲속에 큰 소용돌이를 만듭니다.

규칙적인 듯
불규칙적으로
사랑은 이리저리 날아다닙니다.

탈출

도망간다
연한 연두색 치마를 입고
남성을 버리고 여인이 되어
거대하고 성난 가시로 뒤덮인
푸른 나무의 단단한 손아귀로부터

멀리 저 멀리
다른 세상으로

이브와의 첫 만남이 있었던
창세기 원시의 시간 속으로
동심의 착한 어린이를 잃어버리고
못난 어른이 되어버린 과거의 시간 속으로

사차원의 공간에서 들려오는
비웃음 소리

ㅋ, ㅅ, ㅋ, ㅅ

제3부

가을

바스락바스락 소리를 내지르며
바람결 따라 구석으로 한데로 내몰리는
여름날의 찬란했던 영광의 순간들

체크무늬 셔츠

사각 사각
직선이 부딪치는 소리

서걱 서걱
직각으로 꺾어지는 소리

만남은 체크무늬
만나고 헤어지고
교차하고 멀어지고

사랑은 격자무늬
낯선 운명의 선으로 연결되고
모난 필연의 각으로 벌어진다

사각 사각
인연 다가오는 소리
서걱 서걱
사랑 떠나가는 소리

각인

나도
나무가 되어

나무 곁에 선다
껍질에 손을 댄다
가지에 말을 건다
이파리로 함께 숨을 쉰다
너의 상처에 입을 맞춘다

매일
나무에게 다가가 속삭인다
마음을 담아본다

은밀하게
나이테 깊숙한 곳에
그리움을 새겨 놓는다

나는 안녕, 나무는 GOOD-BYE

바람결에 나무가
손을 살랑살랑 흔듭니다.

작고 예쁜 손으로
안녕이라고 말합니다.

나도 손을 흔들어
반가움을 표시합니다.

바람이 그치자
나무는 침묵합니다.

나는 돌아섭니다.
항상 그러하듯이

아픈 날

나무 앞에 앉아서 종일
그림자의 움직임을 주시한다.
나무 밑동에서 정오의 그림자가 또 말썽을 부린다.

벚꽃은 목련보다 슬프다.
느낌은 차가운 감촉이다.

울긋불긋 줄무늬 티셔츠로 꽃나무들 옷 갈아입고
출렁출렁 윤기 흐르는 뒷모습
나무들 중에서 한 그루 예쁜 꽃나무
내 뒷모습 한참 보셨지요?
불만으로 중얼거린다.

꽃을 키운 서류를 솥뚜껑 위에서 태웠다.
장미가 깨우지 않았다고 화를 내며
머리에 활짝 핀 꽃을 갖다 댄다.
하루 종일 머리가 아팠다.
일 년 동안 마음이 쓰렸다.

가을

귀족이 되어버린 나무들과의 만남
귀족들은 서민과 다른 색으로 구별되며
울긋불긋하고 화려한 옷들을 입고 있다

밝고 부드러운 노란색을 입은
한 가족은 식구가 많다
내가 속한 가족이다

우리는 함께 어둠나라로
길고 긴 세상과의 이별여행을
떠나게 될 것이다

빨간 마차를 타고
검은 옷을 입은 여인이 도착했다
우리는 떠날 준비를 마쳤고
짧은 시간 안에 낙엽 작업을 끝낼 것이고
길고 긴 어둠이 시작될 것이다

고통 없는 헤어짐은 없다
고통 없이 세상은 바뀌지 않는다

빈터

잠자리 날갯짓에
높고 푸른 하늘이
더욱 밀려나
더 멀어지고

산들바람
솔솔바람에도
나뭇잎들 사이로
훤하게 드러나는
비탈길에

쉬었다 가시라고
편한 나무 의자
내어놓으리

햇빛 쏟아져 드는
맑디맑은 오후의
가을날에는

낙엽

여름이 뒷문을 닫고 녹색 끈을 내려놓으면
어느새 가을은 앞문을 활짝 열어젖히고

갈색 채찍을 창공에 날카롭게 휘이 휘이 휘저어
지친 나뭇가지 위 여위고 까칠해진 마른 잎들을
길가 여기저기에 이별의 엽서마냥 뚝뚝 떨군다

바스락바스락 소리를 내지르며
바람결 따라 구석으로 한데로 내몰리는
여름날의 찬란했던 영광의 순간들

이젠 수분을 잃어 볼품없는 피부
황반변성에 초점 잃은 시력
윤기 잃은 푸르렀던 청춘 날들의 머리카락

돌아간다 다시 고향으로
돌아가신 어머니 품으로

단풍

울긋불긋
알록달록
심쿵박쿵

나무가 곱게 화장을 하고
마중을 합니다

고운 얼굴 화려한 옷을 빼어 입고
유혹을 합니다

가슴이 쿵쿵
호흡이 턱턱
어지럽습니다

나무를 바라보는
남들의 기나긴 시선에
질투로 고통을 느낍니다

이별의 긴 겨울이 오기 전에
나무는 자신의 존재감을
모두에게 확신시킵니다

나무십자가

골고다 언덕을 함께 하며 고통을 주신 피로 물든
고난의 나무십자가

마지막 순간까지 순교자의 손안에 꼭 쥐고 있었을
믿음의 나무십자가

예배드리는 목사님 등 뒤에서 거룩하게 지켜보시
던
평안의 나무십자가

설교 말씀 중 감동에 흘린 눈물 속에 망막에 비
추인
구원의 나무십자가

추운 겨울날 어둠 속에 반짝이는 크리스마스트리
뒤에
행복의 나무십자가

소나무와 바다와 백사장
그리고 경포대 해수욕장

바다는
백사장 건너편의
소나무를 사랑합니다

바다의 사랑을
듬뿍 받은 소나무는
싱싱하고 늘 푸르릅니다

오직 소나무만이
바다의 독한 소금 섞인 짠바람을
만남을 기다리며 사랑으로 견디어냅니다

안타깝게도
침묵의 훼방꾼 기다란 백사장이
그 둘을 갈라놓습니다

슬프게도
그 둘은 서로 먼발치서 바라보기만 할 뿐
영원히 만날 수 없습니다

소나무야

경포대 소나무야
언제나 푸르른 내 사랑이여

베네치아에서

밀라노의 아침은
안개와 함께 시작된다.
창밖의 아름다운 풍경을
감추는 짙은 연무 사이로
우산소나무와 롱다리나무들이
고개를 삐죽이 내밀어
아침 인사를 건넨다.

챠오! 이탈리아
리베리아 반도의 따스한 태양이
거리의 안개를 걷어 낼 즈음
수중도시 베니스가 우리를 반긴다.

곤돌라 위의 유쾌한 흔들림이여!
오늘은 나도 중세의 멋진 귀족이 되어
카사노바의 예쁜 가면을 쓰고
미로 같은 수로의 골목길에서
꽁꽁 숨어 비밀스러운 사랑을

나누고 싶어라!

리기다소나무

리기산에 갔었다
산악 열차를 타고 산들의 여왕이라 불리는
리기산의 정상으로 가는 길에 손을 흔들어
우리를 반겨주는 훤칠한 키의 소나무들
스키를 즐기는 스위스인들 모두 너희를 닮아
키가 크고 늘씬하구나!

정상에 오르니 알프스의 높다란 봉우리들과
맑은 루체른 호수와 깨끗한 산마을의 경치와
신성한 숲들이 너희들로 인해 어우러져 빚어낸
환상의 절경이여!

장엄한 교향곡 한 소절이 불타는 태양으로부터
산맥으로 울려 퍼지듯
아! 아! 비경이로구나!

종장

물냉이 꽃핀 강가
산책로를 걷는다

일단의 자전거를 탄 무리가
쇠약해진 9월의 태양을 몰고
우르르 지나갈 때

여름 끝자락이 아쉬운 듯
수풀 속 벌레들의 노랫소리에 맞추어
잡초들은 안간힘을 쓰며

더위에 지친 나무를
끊임없이 기어오른다

가을 편지

가을이 가고 있어요.
아침저녁 얼마나 쌀쌀한지
낼모레가 벌써 상강
정말 세월 참 빠르게 지나가는군요.

지난여름 하루하루가
얼마나 뜨거웠던지
그런 날들이 벌써 어제처럼 지나가고
겨울을 재촉하는 가을비
부슬부슬 길가에 내려와요.

어둠은 재빨리 내려오고
새벽은 어둠을 오래오래 견딥니다.

정원의 꽃들은 기나긴 밤이슬에
견디지 못하고 그만 스르르 무너져 내립니다.

가을은 스스로의 후회와 체념으로 인해
많은 것을 떨어뜨리고 쓰러뜨리나 봅니다.

저도 이젠 모든 것을 훌훌 털어버리고
어깨 위에 무거운 짐 모두 내려놓고

내일은 들판으로 산으로 나아가

가을향기 물씬 나는 논둑길 밭둑길
단풍잎 나무숲 사이로
하루 종일 걸어 볼까 해요…

옥수수는 이사 중

도로변에 살고 있는 신원을 알 수 없는
단거리 육상선수 키다리 아줌마

주소지는 불명이고 우편함을 높은 곳에 매달아
피곤한 잠자리가 쉬어가지만

좌회전하는 차들의 시야를 가려
도로교통과와 문제가 생긴 듯
거주지를 자주 옮겨 다닌다고 한다

이담골에서 사당골로
지행동에서 송내동으로
근내리에서 꽃지해수욕장으로

오뉴월의 태양을 등에 업고
별과 달을 양손에 가득 들고

길가에 버려진 바퀴가 달린
커다란 여행 가방에 꽃바람
비바람을 가득 담아서

뛰어간다

한밤중이면 마을버스보다 빠르게
도로에 쿵쿵 소리를 내며
가을 바다로

오월에서 유월로
유월에서 시월로
시월에서 겨울 바다로

봄과 가을

작고 아담한 진달래나무에서
꽃이 피어나면 봄입니다.
연분홍 곱디고운 자태입니다.

커다랗고 오래된 은행나무 이파리는
가을에 더욱 아름답습니다.
황홀한 황금색으로 찬란하게
석양 속에서 빛을 발합니다.

둘은 함께 모여 조화를 이룰 수
없는 안타까운 사이입니다.

봄과 가을은 결코 만날 수 없고
만나면 안 되는 운명입니다.

묘지 앞 은행나무

식어가는 가을 태양아래서
여행자는 묵묵한 표정으로
여관으로 걸어 들어갔다

여관의 주인은 달치를 원했지만
여행자는 하루치만 끊어내려 했다
언제 떠나야 할지 아무도 누구도
그 자신도 모르는 일이기 때문이었다.

그는 돌과 나뭇잎으로 만들어진
침대 위에서 잠이 들었고 아침이슬도
먹을 수 있다는 것을 마침내 깨달았다.

가을날의 숙박업소 앞 낙엽은 도로 위를
구르고 여행자들은 날마다 길가에 서있는
노란 사다리를 타고 올라서 하늘 높이 떠나갔다.

가을 영토

눈길을 잡아끄는
앞길을 막아서는
눈부신 가을나무의 자태

눈을 돌릴 수가 없다
불타는 가슴 진정할 수가 없다

이 땅의 주인은 당신
명령을 거역하는 하인이 될 수 없다
유혹을 거절하는 못된 머슴이 될 수 없다

마음을 빼앗겨
한 걸음 더 다가갈수록
눈멀어 세상이 어두워질수록

정열이 불꽃처럼 피어난다
환희가 밀물처럼 밀려온다

제4부

겨울

소망을 가지고
믿음을 가지고
사랑을 가지고

겨울

거친 풍랑에 지친
큰 배에 나무들이 옷을 벗겨지고
밧줄로 묶여있다

시간이 흐르자
손을 꽁꽁 묶인 채
갑판으로 끌려 나간다

하늘을 향해 누워있는 나무들
검은 옷을 입은 여인이
나무의 얼굴을 돌려서
눈을 보여준다

낙담하고
체념한 슬픈 눈동자
희망을 잃고 흐르는 눈물

눈은 내린다
거리 곳곳에 잔뜩 쌓인다
겨울은 아직 끝나지 않았지만
서서히 끝이 보이기 시작하고
고통의 시간도 지나간다

고통 없이 추운 겨울은 지나가지 않는다
고통 없이 병은 낫지 않는다
특히 사랑 병은…

고드름

흘러내린 눈물이
얼어붙었다

단단하고
뾰족하게

슬픔은
차갑고

투명하고
날카롭다

한 가운데 서서

추운 밤
손 시리고 발 차가운

볼품없는 나무는
말없이 서있다

낙엽과의 이별의 슬픔을
잊기라도 하고 싶은 듯
나무 그늘에 겨우내
녹지 않을 단단한 얼음을 안고서

혹독한 추위가 지나가고
따스한 봄바람이 다가서야

녹아내릴 차갑고 질긴
아픔을 깊이 간직하고서

역 앞 메타세콰이어

습관에 허를 찔렸고
자학과 체념으로 가득 찬
실망의 날들은 계속되었고
도피와 체념은 고착되었다

역 앞에 붐비는 인파 속
귀향을 반기기라도 하듯이
도열해 선 이방목(異邦木)들을 만난다

주변의 부산함에도 아랑곳없이
겨울잠에 깊숙이 빠진 나무들
휴식과 잠은 내일을 위한
씨앗이라고 말을 하는 듯하다

이방목 들의 코 고는 소릴 들으며
길고 지루하고 끈질긴 나의
불면의 밤들이여
제발 안녕…

장독간

마당 한 구석에
옹기종기 모여 앉아
서로를 토닥이며

눈 내리는 겨울밤을
외박으로 한뎃잠으로

눈이 수북이 쌓인 장독 뚜껑은
길고 긴 동지 한밤중에
흰 똬리를 머리에 이고

장터에서 돌아오시는
우리 어머니들 모습이어라

새벽 어스름에
흰 눈을 머리에 쓰고

투전판에서 돌아오시는
우리 형님들 모습이더라.

퇴근

해거름 지나가고
초저녁 찾아드니
어둠만이 활개를 친다

시간의 가벼운 굴레와
육중한 전철의 바퀴가
뒤엉켜 앞으로 굴러서

오늘을 저만치로 밀어내고
내일을 이만치로 끌어낸다

창문으로 스쳐 가며 번득이는 불야성의 궤적들
멈추는 역마다 바쁘게 흩어지는 걸음들

커미서리가 문을 열 때

커피 한잔으로
선잠을 툭툭 털고 일어나
새벽 어둠 속을 힘차게 달려 온
배달 트럭의 뒷문을 활짝 열어젖히고

싱싱한 물건들을 얼른 부려서
비워진 선반들을 가득 채우고
흐트러진 매장을 꼼꼼히 정리하는
분주한 손길들이 잦아질 무렵

태양은 어느덧 중천으로 올라서고
시장기를 느끼는 순간
하루를 시작하는 어느 손길이
가게 문을 활짝 열어젖힌다

커미서리: 미군과 가족들만을 위한 대형마트

커미서리가 문을 닫을 때

클릭 투 고우를 외치던 목소리도
붐비던 손님들 발자국도
매장의 화려한 조명 아래 계산기도
한순간에 멈추어버린다.

수고했던 오늘의 열정의 시간과
내일을 준비하고 기약하는 인사가
그림자 되어 뿔뿔이 흩어지고

어느덧 초승달이 뉘엿 떠올라
세상을 어스름하게 비추일 때

하루를 마무리하는 지친 손길이
가만히 가게 문을 걸어 잠근다.

클릭 투 고우:주차장까지만 배달해 주는 서비스

첫 단추

삶이 당신을 위해
맞추어 주는 것이 아니라
당신이 삶에 맞추어가며
살아가야만 한다는 것이다

삶의 첫 단추를 잘못 끼운
사랑의 첫 단추를 잘못 끼운
인생의 잠시 낙오자여

위안컨대
멋진 빈티지 옷은
때때로 첫 번째
단추 잠그는 법이
독특해서

옷매무새가
정말
예쁘게 나온다.

빨래방에서

세탁기 속의 지난겨울이
두터운 이불속에서
한 움큼씩 빠져나간다

추운 날의 체온을
간직한 털외투도
기억을 털어 내기 위해
안간힘이다

따사로운 봄볕이
도로 위에 머무는 오후
유리창으로 화창한
봄날들이 선을 보인다

중고차

예열이 필요한 아침 시동
활동 부분은 닳아 소음이 나고
삶의 녹이 배어 나온 주름과 상처들

추억을 간직한 내비게이션
세월 지나 빛바랜 가죽시트
사랑하는 가족을 태우고
산과 들을 누비고 바닷길을 달렸었지

고맙다
너를 만나 행복했고 또 즐거웠다

인생길 달려오면서
한 두어 번 사고도 내고 만나면서
병원 신세도 지고 힘든 시간을 보냈지만
벌떡 일어나 힘차게 달리고 또 뛰어다녔었지

사랑한다
너로 인해서 행복했고 또 즐거웠다

휴게소

무의미한 하루의 날들
평범한 날들의 연속

강물처럼 시간들이 흘러갔고
화살처럼 사람들이 지나갔다

맹목적인 종속의 삶이었고
가다서다 반복적인 날들

앞만 보고 달려왔는데
헉헉거리며 뛰어왔는데

아직 아물지 않은 상처가
저만치서 물끄러미 바라보는데

갈 길이 아직 많이 남아있는데
벌써 지치면 안 되는 나이인데

다행히 삶의 새로운 순간이 다가왔다
휴식의 달콤한 시간이 찾아왔다

언뜻 시야에 병원이 보였다
삼개월의 진단서가 발급되었다

코로나19

심연의 어둠 속으로 내려갈 때
두 개의 자아가 번뜩이며 대립한다.

살아온 날들에서 못다 한
후회가, 미련이 압축되어
서러워서 끙끙거린다.

몰려오는 수면에 몸과 마음을 맡긴다.
큐피드의 화살을 가슴에 정통으로 맞은
19세 풋내기 소년처럼 아파한다.

부주의한 하루에 대해 후회한다.
아픔을 죽는 날까지 기억한다.

혼백魂帛

하얀 나비가 날아들어
식장 안을 이리저리
날아다녔다.

망설이지 않고 손님상마다
반가워서 인사하듯
여기저기 돌아다녔다.

딸 손에도 앉고
손님 코에도 앉고
아들 어깨에도 잠시 앉고

모두에게 못내 아쉬워하듯
창문이 활짝 열려있음에도

쉽게 떠나가지 못하고
이리저리 안타까운 듯
날아다녔다.

우연의 일치인지
산소 만드는 곳에도
하얀 나비가 날아와서

한참을
맴돌다 갔다고 한다.

할머니는 돌아가시면
나비나 새가 되어
푸른 하늘을 훨훨
날아다니고 싶다고
병실에 누워 늘
말씀하셨다고 한다.

회색커튼

그는
길고 직사각형이고
까칠까칠한 회색커튼이다

남들에게
내면을 보이기 싫어
창문을 가려야 하는
어두운 부끄러움이다

쓸데없이
아무 때나 쓴웃음을 보여주는
허무한 후회스러움이다

온갖 강추위를 견딜 만큼
두터운 벨벳으로 만든
튼튼한 암막커튼이다

안녕

달과 별과 꽃을 쇼핑카트에 가득 싣고
밤하늘로 밀어 올려서 이곳저곳을 돌아다니지

하늘과 바다의 경계 지평선에서 만나는
부드럽게 유영하는 자유로운 흰 수염고래

고요하게 수평선을 가로지르는
고독하고 힘겨운 철새무리

검은 숲과 평야의 경계선에서 잠들지 못하고
어둠을 지키는 올빼미 부부

밤의 장막이 걷히고 퉁명스러운 먹구름들 사이에서
길을 잃고 헤매일 때
여명 속에서 희미하게 나타나는

짙은 눈썹 부드러운 눈동자
앵두 입술로 웃으며 반겨주는
언덕 위의 푸른 나무 한 그루

안녕!

좋은 아침!
예쁜 꽃나무야!

최고의 날

그날은 분명히 올 거예요
행운의 여신이 슬며시
예고 없이 당신을 찾아 올 거예요

넘어지고 쓰러지며 아파했던
수많은 고통의 날들을

보상하고 위로하는 보답의 순간이
틀림없이 찾아 올 거예요

두드리고 또 두드리세요
깊은 염원을 가지고

소망을 가지고
믿음을 가지고
사랑을 가지고

격려

남몰래

등 뒤로

살며시

다가오는

온기어린

애정의

손길

詩人

빈손으로 태어난 당신은
물방울처럼 몹시도 가벼워서
작은 풍선에 매달려서
하늘 높이 날아올라 뛰어내려
낙하의 즐거움을 만끽하세요.

자유롭게 빗물처럼
폭포 속에 뛰어들어
강물처럼 달려가서
푸른 바다로 멀리
마음껏 여행하세요.

소낙비 되어 나뭇잎에서 미끄러지고
장미꽃의 날카로운 가시에 찔려도 보고
거친 바위에 떨어져서 아파도 해보고

파도가 되어 방파제를 시원하게 때려주고
눈물이 되어 슬픈 이의 마음도 풀어주세요.

자! 날아가세요.
멀리 멀리
하늘 끝까지.

작/품/ 해/설

자연과 삶에서 건져 올리는
사랑의 시어詩語

김영태
(시인·명예문학박사·전_한국문학비평가협회부회장)

김철 시인은 자연과 하나가 되어 자연의 숨소리와 이야기를 경청하며 서정적인 시를 창조하는 서정의 시인이자, 일상 속의 평범한 순간들을 섬세하게 포착하여 시로 승화시키는 사유의 시인이라는 두 가지 면모를 지닌 시인이다.

김철 시인은 자연과의 깊은 교감을 통해 영감을 얻고, 자연의 숨소리와 풍경이 생생하게 묘사하여 독자들에게 감동과 위안을 선사하는 서정의 시인이자, 일상 속의 평범한 순간들에 주목하고, 깊은 사유를 통해 삶의 의미, 인간 존재의 가치, 시간의 흐름 등에 대한 고민을 시로 승화시킨 사유의 시인이다.

이러한 김철 시인의 시는 독자들에게 자연과의 교감을 통해 감동과 위안을 선사하고, 삶에 대한 깊은 통찰을 통해 독자들이 자신의 삶을 돌아보고 의미를 찾도록 도와준다.

정거장에 서서
봄을 기다린다
노란색 옷을 입은
가족들이 먼저 도착한다
세력이 무척 강하다
성질도 부릴 것 같다.

검은 옷 여인과 함께 빨간 마차를 타고
분홍 꽃나무를 찾아 나선다
꽃샘바람이 심하게 불어
창문이 안 닫힌다

황사 바람도 강하게 분다
뒤늦게 진눈깨비도 내린다

고통 없이 봄이 오지는 않는다
고통 없이 대가는 없다
<봄>전문

시인은 정거장에서 봄을 기다린다. 노란색 옷을 입은 가족이 먼저 도착하여 강렬한 존재감과 공격적인 성격을 드러낸다. 이들은 아마도 봄의 활기와 에너지를 상징하는 것으로 해석될 수 있다. 이어 검은 옷 여인과 함께 빨간 마차를 타고 분홍 꽃나무를 찾아 나선다. 꽃샘바람과 황사 바람, 진눈깨비까지 몰아치는 가운데, 시인은 고통 없이 봄은 오지 않는다는 사실을 깨닫게 된다.

이 시는 봄의 아름다움을 이야기하면서 그 넘어 삶의 진실과 가치에 대한 깊은 통찰을 담고 있다. 이 시는 고통 없이는 아무것도 얻을 수 없다는 것은 삶의 보편적인 진리를 봄을 통하여 들려주고 있으며, 우리에게 꿈과 목표를 이루기 위해서는 노력과 희생이 필요하다는 것을 일깨워준다. 또한, 어려움과 고통을 극복한 끝에 얻는 성장과 발전의 소중함을 강조하고 있다.

호기심 어린 눈빛
수수께끼 몸짓

나무와 나에게는

말 따위는 필요 없어

온순한 오월 바람결에
잎사귀 위에 다정하게
흔들리던 눈빛

유월 햇살 아래 반짝이던
꽃잎 치아의 환한 웃음

장맛비에 젖어도 청초하게
빛나던 푸른 잎 머리카락

우린 말 따위는 필요치 않아
우린 생각 따위는 필요치 않아
<묵언 수행>전문

이 시는 시인과 나무를 통하여 관계와 소통에 대하여 이야기하고 있다.
시인은 나무와의 묵언 속에서 서로를 이해하고 공감하며, 자연과의 일체감을 통하여, 우리에게 진정한 소통의 의미에 대한 새로운 통찰을 제공하면서 현대 사회의 소통 방식에 대한 비판적 시각을 제시하기도 한다.
말과 생각에 치우친 현대인들은 진정한 소통을 놓치고 있는 경우가 많다. 이 시는 우리에게 말과 생각을 넘어 더 깊은 차원에서 연결되는 진정한 소통의 중요성을 일깨워주고 있다. 또한, 진정한 서로의 교감을 통해 진정한 자아를 발견하고 행복을 찾을 수 있다는 메시지를 전달하고 있다.

나무 앞에 앉아서 종일
그림자의 움직임을 주시한다.
나무 밑동에서 정오의 그림자가 또 말썽을 부린다.

벚꽃은 목련보다 슬프다.
느낌은 차가운 감촉이다.

울긋불긋 줄무늬 티셔츠로 꽃나무들 옷 갈아입고
출렁출렁 윤기 흐르는 뒷모습
나무들 중에서 한 그루 예쁜 꽃나무
내 뒷모습 한참 보셨지요?
불만으로 중얼거린다.

꽃을 키운 서류를 솥뚜껑 위에서 태웠다.
장미가 깨우지 않았다고 화를 내며
머리에 활짝 핀 꽃을 갖다 댄다.
하루 종일 머리가 아팠다.
일 년 동안 마음이 쓰렸다.
<아픈 날>전문

시인은 나무 앞에 앉아 그림자의 움직임을 지켜보

며, 벚꽃과 목련의 대조를 통해 봄의 아름다움 속에서도 느껴지는 슬픔과 차가움을 표현하고 있다. 꽃을 키운 서류를 태우고 장미를 갖다 댄다는 행동은 과거의 아픔과 트라우마를 처리하려는 시도로 해석된다. 이 시는 봄의 아름다움 속에서도 느껴지는 인간의 고통과 외로움을 들려주며, 인간 존재의 한계와 불완전성을 보여주는 동시에, 자연과의 소통을 통해 내면의 고통을 치유하려는 시도를 보여주면서, 과거의 아픔을 극복하고 새로운 시작을 꿈꾸는 희망적인 메시지를 담고 있습니다.

마당 한 구석에
옹기종기 모여 앉아
서로를 토닥이며

눈 내리는 겨울밤을
외박으로 한뎃잠으로

눈이 수북이 쌓인 장독 뚜껑은
길고 긴 동지 한밤중에
흰 똬리를 머리에 이고

장터에서 돌아오시는
우리 어머니들 모습이어라

새벽 어스름에
흰 눈을 머리에 쓰고

투전판에서 돌아오시는
우리 형님들 모습이더라.
<장독관>전문

이 시는 마당 한 구석에 옹기종기 모여 앉아 서로를 토닥이는 장독들을 통해 겨울밤의 풍경과 어머니, 형님들의 모습을 장독에 비유하여 표현하면서, 다양한 상징과 은유를 사용하여 시에 깊이를 더하고 있다.

시인이 보여주는 마당 한 구석의 장독들, 눈 내리는 겨울밤, 길고 긴 동지 한밤, 흰 똬리, 흰 눈, 장터, 투전판 등의 상징들은 시인의 내면적인 세계를 생생하게 표현하는 감각적인 언어를 사용하여 독자들의 오감을 자극하여 어떤 독자는 겨울밤의 풍경과 어머니, 형님들의 모습을 떠올리며 따뜻한 감동을 느끼고, 또 다른 독자들은 가족에 대한 감사와 존경의 마음을 느낄 것이다. 또한 어려운 환경 속에서도 희망을 잃지 않고 살아가는 사람들의 모습에 위안을 주는 시라고 하겠다.

김철 시인의 시는 사랑을 근본으로 하여 자연과 사물 그리고 가족과 사람들을 대하고 있어, 시가 유순하면서도 따뜻하고 포근하여 읽으면 읽을수록 가슴에 와 닿아 상처 입은 마음을 위로하여 치유해 주어, 자신을 사랑하게 만드는 긍정의 힘과 관계에 대한 긍정의 마음을 가지는 아름다운 삶을 발견하게 되어 타인을 배려해 주고 사람들과의 관계를 소중히 여기는 긍정적인 마음으로 삶을 살아갈 수 있도록 격려하고 있어 독자들에게 일독을 권한다.